(205e)

CATALOGUE

DE

PIERRES LITHOGRAPHIÉES

PLANCHES DE CUIVRE

ET ACIER GRAVÉES

OUVRAGES

D'ORNEMENTS

FLEURS, FRUITS & PAYSAGES

Dessins originaux et compositions pour étoffes

SERVANT DE MATÉRIAUX AUX

MANUFACTURIERS & DESSINATEURS INDUSTRIELS

Dont la vente aura lieu

Par suite de Cessation de Commerce de M. DESSAIGNE, ci-devant, 19, rue de Cléry.

HOTEL DES COMMISSAIRES-PRISEURS

Rue Drouot, n° 5

SALLE N° 4, AU PREMIER ÉTAGE

Le Samedi 4 Mars 1865. à une heure

Me **DELBERGUE-CORMONT**, Commissaire-Priseur,
rue de Provence, 8 ;
Assisté de **M. VIGNÈRES**, Marchand d'Estampes,
rue de la Monnaie, 13, à l'entresol, entrée rue Baillet, 1,
CHEZ LEQUEL SE DISTRIBUE CE CATALOGUE.

EXPOSITION AVANT LA VENTE

PARIS — 1865

205.   Dessaigne

ORDRE DE LA VACATION

Ouvrages reliés et coloriés...... 44 à 112

Pierres, Planches et Éditions.... 1 à 43

Les numéros contenant plusieurs volumes reliés et exemplaires en feuilles coloriés, seront divisés ou réunis à la volonté du vendeur.

CONDITIONS DE LA VENTE

Au comptant.

CINQ POUR CENT en plus des enchères, applicables aux frais.

DÉSIGNATION

PIERRES LITHOGRAPHIÉES

ET PLANCHES DE CUIVRE ET ACIER GRAVÉES, ÉPREUVES

1 Études de fleurs, lithog. par **J. Sette**.
2 pierres ~~16~~ ~~18~~ pierres de 45—35. *Manque 2 p.* 120
1500 épreuves en noir, du n° 1 à 18.
Grand nombre de couvertures.

2 Le cours de paysages, par **Hubert**, lithog. par 47
Bichebois et Sabatier.
20 pierres de 30—25.
~~80~~ exemplaires de 20 feuilles, 1 à 20, en noir.
Grand nombre de couvertures.
15 feuilles, modèles de coloris.

3 Le cours de fleurs du jardin des Plantes, par
P.-J. Redouté et autres.
1 écornée 48 pierres de 26—22. *1. écornée* 155
20 exemplaires de ~~48~~ feuilles. *Col.*
~~3300~~ feuilles, de 1 à 48, en noir, et couvertures.
10 feuilles coloriées.

4 Suite au cours de fleurs du jardin des Plantes, par 41
Redouté, gravée.
1200 feuilles, du n° 49 à 60.
500 couvertures.

— 5 Choix de 15 bouquets de fleurs, avec fond noir, par **Redouté** et autres.

15 groupes des plus beaux fruits avec leurs fleurs, sur fond noir, par **Redouté** et autres.

30 pierres de 35—28. *manque n° 52* — *1 pierre*

4000 feuilles des 30 sujets de fleurs et fruits.

250 couvertures.

48 feuilles, fleurs coloriées.

34 feuilles, fruits coloriés.

— 6 Encyclopédie universelle d'ornements de diverses époques, de différents styles, la plupart tirés de l'Alhambra, par Clerget, Martel et **Ovide Reynard**.

84 planches de cuivre, gravées.

1000 feuilles, du n° 1 à 84, en noir.

60 feuilles coloriées. 250 couvertures.

84 feuilles, modèles de coloris.

— 7 **Le Caméléon** artistique et industriel, recueil, par *Ed. Guichard*, Ornements.

20 planches, cuivres et aciers. *manque 1 planche*

600 feuilles, du n° 1 à 20. — Couvertures. *(manque 174)*

10 exemplaires brochés de 20 feuilles.

— 8 Fleurs et Fruits, d'après **M**me **Vincent**, gravé par Lambert.

48 planches de cuivre.

400 feuilles, de 1 à 48, en noir. — Couvertures.

15 feuilles coloriées.

55 feuilles, modèles de coloris.

— 9 Fleurs et Plantes à l'usage des dessinateurs, faites sur nature et lithographiées par **Eug. Blery.** 100

    16 compositions sur pierres.

    1250 feuilles, du n° 1 à 16, en noir.

    5 feuilles coloriées.

    350 couvertures.

    (Les pierres appartiennent à M. Lemercier).

— 10 Sujets d'oiseaux, par **J. Delarue.** 18 composi- tions, dont 9 inédites. 25

    12 pierres à 1 et 2 sujets.

    1 pierre qui sert d'entourage.

    Il n'y a eu que des épreuves d'essais des 9 su- jets inédits. 4

OUVRAGES

DONT LES PIERRES ET PLANCHES ONT ÉTÉ EFFACÉES

APRÈS UN TIRAGE A **1,000.**

— 11 Inspirations du dessinateur de fabrique, composé et lithographié par divers. 4

    84 exemplaires brochés de 60 feuilles demi-co- lombier et des couvertures.

— 12 Album du cachemirien. 7 50

    29 exemplaires de 30 feuilles demi-colombier.— Couvertures.

— 13 Anthologie des fleurs de la renaissance et du moyen âge. 35

    58 exemplaires de 50 feuilles demi-colombier. — Couvertures.

14 Souvenir de l'Exposition de l'Industrie de 1839.
68 exemplaires de 50 feuilles jésus à plat. — Couvertures.

15 La nouveauté des quatre saisons, à l'usage des fabricants et dessinateurs.
2200 feuilles, de 1 à 24, en noir.
95 feuilles coloriées. — 400 couvertures.

16 Album alphabétique de 500 lettres ornées, imp. au recto et verso.
90 exemplaires de 24 feuilles doubles ou 48 feuilles imprimées en couleur.

17 Croquis d'ornementation, composés et gravés par **Langlade**.
82 exemplaires de 20 feuilles. — Couvertures.

18 Ornements allemands, chinoiseries et fleurs, par **Chirat**.
1300 feuilles, du n° 1 à 20. — Couvertures.

19 Guide du dessinateur de l'industrie, macédoine de dessins variés, recueil composé de 20 livraisons de 12 feuilles chaque.
75 exemplaires de 240 feuilles et couvertures.

20 Le dessinateur de papiers peints.
116 exemplaires de 48 feuilles.
22 livraisons de 12 feuilles et couvertures.

21 Le dessinateur d'ameublements.
120 exemplaires brochés de 12 feuilles.

22 Le dessinateur de porcelaine.
133 exemplaires brochés de 12 feuilles.

23 Le dessinateur de tapis.
116 exemplaires brochés de 12 feuilles.

— 24 Le dessinateur de soieries et rubans.   5 50
116 exemplaires brochés de 12 feuilles.

— 25 Le dessinateur d'indiennes, jaconas, etc.   20
74 exemplaires de 36 feuilles, brochés.
93 livraisons, 1, 2 et 3 de 12 feuilles.

— 26 Le dessinateur de cachemires.   14
125 exemplaires brochés, nº 1 à 12, 1er cahier.
119 exemplaires brochés du 2e câhier.

— 27 Le dessinateur de broderies, dentelles et blondes.   11 50
197 exemplaires en 3 cahiers de 12 feuilles, ensemble, 36 feuilles.

— 28 Le dessinateur d'orfévrerie, bijouterie et bronze.   20
147 exemplaires brochés de 12 feuilles.

— 29 Alphabet grec du XVe siècle, avec 26 encadrements   39
dans tous les styles, composés et dessinés par
Ovide Reynard.
70 exemplaires brochés de 24 feuilles, imp. en couleurs.

— 30 Journal du fabricant d'étoffes façonnées, matériaux faisant suite aux Archives et au Musée du   48
dessinateur.
35 exemplaires, 1840, de 150 feuilles.
71 exemplaires, 1841, de 150 feuilles.
79 exemplaires, 1842, de 150 feuilles.

— 31 La naissance des fleurs ou les 365 jours de l'année   44
en floraisons, avec 30 pièces de poésie.
134 exemplaires de 24 feuilles, en noir.
500 exemplaires du texte poésie. — Couvertures.
— 12 feuilles coloriées.
— 24 feuilles, modèles de coloris, broché.

32 Fantaisies, effets de fusain, par **Lanos**.
100 livraisons de 4 feuilles raisin à plat et couvertures.

33 Cours complet, théorique et pratique, du fabricant
d'étoffes en soie et autres.
18 volumes de texte, accompagné de 30 planches
de dessins de métiers à la Jacquart, etc. 2ᵉ édition, par J. Drevet, ex-fabricant de Lyon.

34 Alphabet-Flore, renfermant 192 dessins composés
des plus belles fleurs, par **Redouté** et autres.
118 exemplaires de 24 feuilles et couvertures.

35 La clef du coloriste ou table de Pythagore, à l'usage
des artistes et amateurs, en trois tableaux, renfermant tous les mélanges de couleurs connus.
350 feuilles, en noir, raisin à plat.
86 feuilles coloriées à la main.
Couvertures et la composition sur pierre.
(La pierre est à l'imprimeur).

36 Album des dessinateurs parisiens, composé spé-
cialement pour la fabrication des tissages et des
impressions, 120 motifs de dessins.
22 cahiers et couvertures, brochés. 22

37 **Erica africana**, recueil d'un choix de bruyères
d'Afrique et papillons, par Heaths, gravés par
Bocourt et Chazal.
13 cahiers brochés de 24 feuilles.

38 Musée du dessinateur de fabrique.
60 livraisons de 50 feuilles.

39 120 livraisons variées, tirées de différents ouvrages.

40 Portefeuille contenant 150 feuilles, ornements de tous genres.

41 Portefeuille contenant 150 feuilles, fleurs coloriées et autres ornements industriels.

42 Portefeuille contenant 200 feuilles de défaits de divers ouvrages d'ornements.

43 **Histoire naturelle**, Oiseaux, Poissons, Mammifères, Insectes, etc., etc., par J. Delarue et autres, en noir et en couleur. Plusieurs lots.

OUVRAGES COMPLETS

BROCHÉS, CARTONNÉS, LA PLUPART COLORIÉS

44 Souvenir de l'Exposition de 1839.
50 feuilles coloriées, jésus, pliées en deux, demi-rel.

45 **Braun**. Recueil de dessins servant de matériaux destinés à l'usage des fabriques d'étoffes, porcelaines et papiers peints, 30 feuilles, dont 10 coloriées, demi-rel.

46 **Braun**. Incomplet; 2 exemplaires de 10 feuilles, 5 exemplaires de 12 feuilles, 1 de 13 feuilles, volumes cartonnés.

47 Renaissance de la fleur, par **Maucherat de Longpré**, 20 feuilles gravées par *Compte Calix*, cartonnées.

48 **Tuffet**. Album du dessinateur, incomplet.
30 feuilles jésus, pliées en deux, cartonnées.

49 — Défaits, 72 feuilles, reste de l'édition.

50 La flore du dessinateur, par **Tuffet**. 10 feuilles. Vol. carton. 4 exempl.

51 Dessins pompadour, imprimés sur papier végétal. 3 vol. carton., contenant 40 p., à plusieurs motifs. Seront divisés.

52 500 dessins pompadour, imprimés sur papier végétal ; compositions de fleurs en feuilles.

53 Anthologie des fleurs de la Renaissance et du Moyen Age. 50 feuilles en noir, vol. carton., in-fol.

54 — Le même, plié en deux, carton. in-4°, 50 feuilles.

55 — Le même, exempl. colorié, en feuilles, 50 p.

56 Fleurs et plantes à l'usage des dessinateurs, faites sur nature et lithographiées par Eug. **Blery**. 16 p., coloriées, en feuilles.

57 Le Caméléon artistique et industriel, par **Guichard**. 20 feuilles, vol. carton.

58 — Le même, imprimé en or, vol. carton.

59 Album de broderies, imp. sur papier de couleur, 30 feuilles, publié par Aubert. Vol. carton. 4 exemp.

60 La nouveauté des quatre saisons, 24 feuilles coloriées. Exempl. broché. — Exempl. en feuilles.

61 Etudes de fleurs d'ap. nature, par. J. **Sette**. 18 feuilles en noir, vol. carton.

62 — Le même, 3 exempl. coloriés en feuilles.

63 Album alphabétique de 500 lettres ornées, colorié. Vol. carton.

64 Croquis d'ornements, par **Langlade**. 20 feuilles. Vol. carton., oblong.

65 Alphabet grec du xv⁰ siècle avec 26 encadrements dans tous les styles, par O. Reynard. 24 feuilles imp. en couleur. 3 exempl. carton.

66 — Le même, colorié à la main. 4 exempl. carton.

67 Guide du dessinateur. 19 vol. demi-rel. Vol. 1 et 2.

68 Guide du dessinateur réuni en 1 vol., demi-rel.

69 Le dessinateur de papier peint, 24 feuilles coloriées. 3 exempl. carton.

70 — Le même, 30 feuilles coloriées, carton.

71 Le dessinateur d'ameublement et papiers peints. 20 feuilles coloriées, carton.

72 Le dessinateur d'ameublement. 12 feuilles coloriées, carton., 2 exempl.

73 — Le même, 12 feuilles coloriées, broché.

74 Le dessinateur de soieries, broderies, porcelaines, cachemires. 60 feuilles en noir, demi-rel.

75 Le dessinateur de cachemires, 24 feuilles coloriées, broché.

76 Le dessinateur de soieries, 12 feuilles coloriées, carton.

77 Le dessinateur de porcelaines, 12 feuilles coloriées, carton.

78 Le dessinateur d'indiennes, 12 feuilles coloriées, carton.

79 Le dessinateur d'indiennes, 36 feuilles coloriées, broché.

80 Le dessinateur lyonnais, 24 feuilles coloriées. 2 exempl. brochés.

81 Le dessinateur parisien, 24 feuilles col., broché.

82 Le Roqueplan, 16 et 17 feuilles en noir, 2 vol. cart.

83 Le Roqueplan, le Colin et autres cahiers noirs et coloriés, de 11 à 19 feuilles, brochés ensemble. 15 feuilles.

84 Le Jaquotot, de peintures de Sèvres, 7 feuilles coloriées et texte. 2 cahiers.

85 — Reste de l'édition, 74 feuilles moitié en couleur, texte et couverture.

86 Album de six vues monumentales, 15 cahiers de 6 feuilles en noir, lithog. 94 p. en noir et une coloriée.

87 **ORNEMENTS ANCIENS**. Cartouches d'ap. **Lajoue**. 12 p.

88 — **Oppenort**. Cartouches, etc. 5 p.

89 — **Pillement**. Bouquets de fleurs et ornements divers. 16 p.

DESSINS ORIGINAUX

(SOUCHES.)

90 Lot de **500** dessins originaux (souches), pour l'industrie des étoffes.

91 Lot de **500** dessins originaux pour robes, gilets Louis XV, soieries, etc.

92 Lot de **700** dessins originaux inédits pour robes et autres étoffes.

93 Lot de **310** dessins originaux pour dentelles, etc., en 4 cahiers brochés.

94 Lot de **14** grands dessins originaux pour châles et pointes de dentelles.

95 Lot de **500** dessins originaux pour robes, etc.

96 Lot de **500** dessins originaux inédits pour robes, etc. — *5*

97 Lot de **500** originaux pour robes. — *7*

98 Lot de **500** originaux pour robes. — *8*

99 Lot de **500** dessins originaux inédits pour draperie, gilets, etc.

100 Lot de **550** dessins originaux inédits pour jaconas, bordures, mouchoirs, foulards. — *13*

101 Lot de **50** dessins pompadour originaux, peinture à la gouache sur carton. — *12 50*

102 Lot de **50** dessins pompadour originaux, peinture à la gouache sur carton, pour soieries, rideaux, etc. — *13 50*

103 Lot de **50** dessins pompadour peints à la gouache sur carton, pour robes, soieries, etc. — *13 50*

104 Lot souche de **1250** dessins inédits originaux pour étoffes diverses. — *12*

105 Lot souche de **770** dessins originaux à la gouache, pour tapis, robes, foulards. — *18 50*

106 Lot souche de **980** dessins originaux à la gouache, pour tapis, meubles, papiers peints. — *15*

107 Lot souche de **890** dessins originaux inédits, pour l'industrie de l'étoffe. — *7*

108 Lot souche de **750** dessins originaux au crayon, sur végétal, inédits, pour étoffes. — *9*

109 Lot souche de **1275** dessins originaux au crayon, sur végétal, composés pour l'industrie des étoffes. — *8*

110 Lot souche d'environ **500** dessins originaux de **Maucherat de Longpré** et autres, inédits, pour l'industrie manufacturière. — *4*

5 50 111. Lot de **100** très-grands dessins pour rideaux, meubles, au crayon, sur végétal.

9   112 Lot de **100** très-grands dessins originaux pour tapis de pieds, tapis de tables, reps, meubles, rideaux, etc., quelques-uns à la gouache. Sera divisé.

RENOU et MAULDE, imprimeurs de la Compagnie des Commissaires-Priseurs, rue de Rivoli, 144.   38447

N.o   9 50   66 —   5   Vog
51 —   4   66 —   4   7.8 8.0
      —   3 50   66
      —   3   66   X 19
      —   2 50   66
      —   2 50   66
57   —   3   68 —   3   50
      —   3   68 —   2   50
n.r 60 col   68 —   3
Colorié + Broch   9 50   68 —   2   50
Carton noir   1 25   69 —
Col. Carton   8   69 —   8   50
Col. feuille   8   69
Col. feuille   7   69 4x   7   50
Carton Colorié   8 50   76 Dir.
Carton Colorié   7 50   Académie
            4 50   76 ter
61 —   2.Vol
                        Double
61 —   3
61 —   2 50   76 L.o   3 75
61 —   2 50   oriann.
61 —   2 50   XVI.e
61 —   2 50   Herbeck cahier carton . 2 50 .
61 —   3 25   Encyclopédie reliée —— 10   50 .
61 —   ornement végétal   4 50
                        15   fleur
62 Col.   8   15   grand caul
                        15   noir caul   7
62 —   8   30   feuilles fleur
62 —   6
62 —   7   5 Cahiers, court noir
                        1 —— Colorié 30   11 .
65 —   3 50
65 —   3 50   7. Encyclopédie Colorié . 17 .
65 —   3   . Anthologie noir   12 .
65 —   3
65 —   3   N.o 24
65 —   3

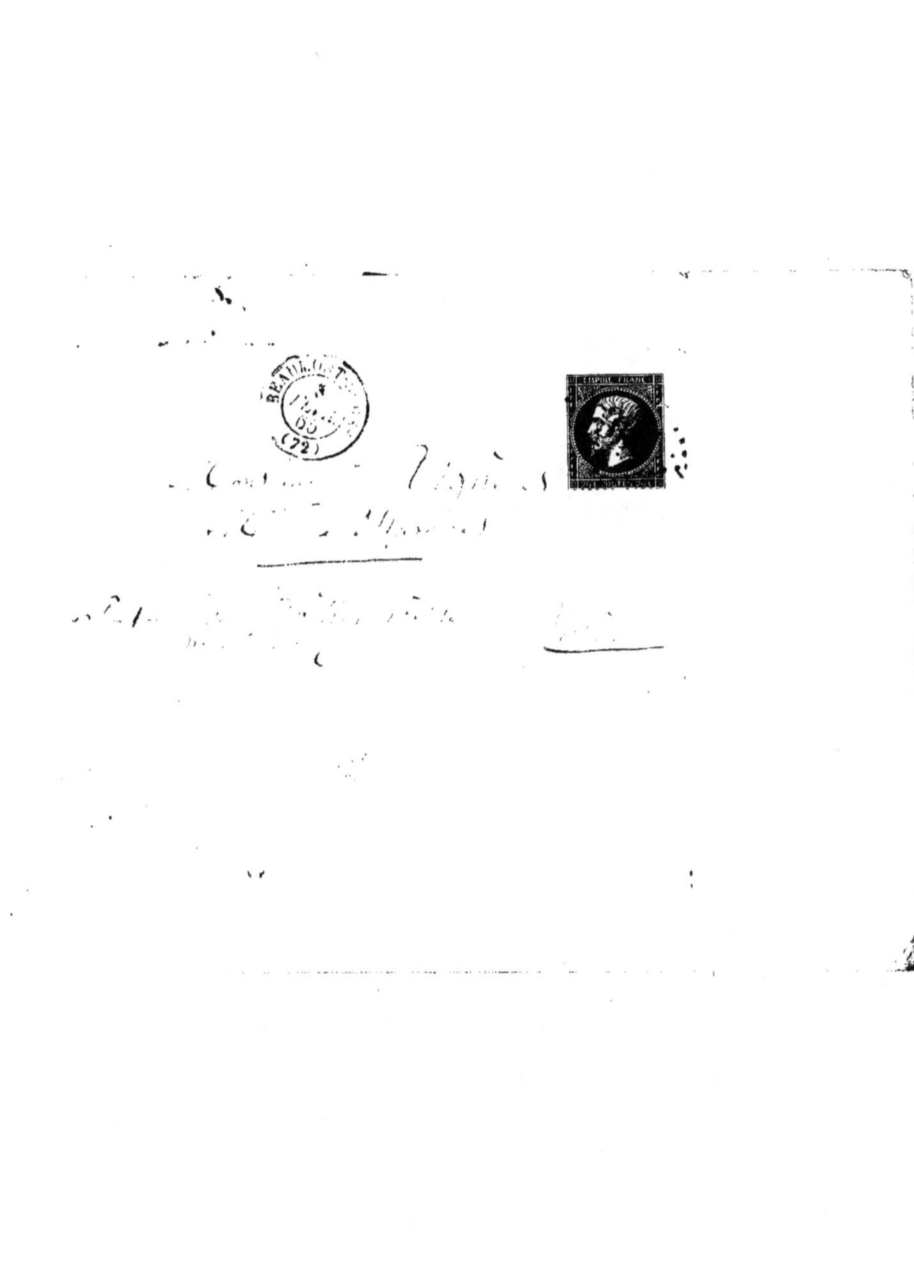

[illegible]

PORTRAITS GRAVÉS

In-8°, papier format in-4°, chaque 1 fr.

Chez VIGNÈRES, marchand d'Estampes,
RUE BAILLET, N° 1.

—✦—

ARIOSTE, DANTE, PÉTRARQUE, TASSE.
   I Quatro poeti Italiani, Claire-voie, groupe gravé par   HOPWOOD.
BÉRANGER, manière noire. *Carré.*   REYNOLDS.
BERRY et ses enfants (duchesse de), en pied. *Carré.*   VALLOT, 1823.
CARTOUCHE. *Claire-voie.*
CAZOTTE. *Claire-voie.*
CHODSKO. *Claire-voie.*   HOPWOOD.
COLET (Madame Louise). *Claire-voie*   WEBER.
DUDEFFANT (Madame). *Carré.*   FORSHEL.
DUMAS (Alexandre). *Claire-voie.*   DIEN.
DUVAL, marquis de Fontenay-Mareuil. *Ovale équarri.*   SABADIN.
ÉLIE DE BEAUMONT, avocat. *Claire-voie.*   DEVRITZ.
FORBIN (comte de). Ingres del. Rome, 1812.   REINAUD.
GRÉTRY, compositeur, d'après Isabey. *Ovale.*   SIMON.
GUIZOT, d'après Delaroche. *Carré.*   LAUGIER.
HOFFMANN (E.-T.-A.). *Claire-voie.* D'après H. Dupont.   PELÉE.
INGOUF jeune, graveur, d'après lui-même. *Claire-voie.* SISCO.
LACHAMBEAUDIE (Pierre). *Claire-voie.*   MONNIN.
LASNE (Michel), graveur. *Ovale équarri.*   DEVRITZ.
LEMIERRE (A.-M.), auteur dramatique. *Ovale équarri.*
LOUIS Ier, roi de Bavière. *Claire-voie.*   COUCHÉ FILS.
MAINTENON (Fr. d'Aubigné, marquise de). *Carré.*   L. MASSARD.
NAPOLÉON Ier, d'après Muneret. *Ovale.*   ROGER.
MONTAIGNE. *Ovale.* Dessiné et gravé par   H. DUPONT.
MONK (Georges). *Claire-voie.*   ROZE.
PETRARCA (Francisco). *Carré.*   BONNARD
   ——— Sa maison à Arrezzo. *Carré.*   CATTANEO.
QUESLUS, mignon d'Henri III, d'après Brebiette. *Carré.* BRACQUEMOND.
RAPHAEL à 15 ans, d'après lui-même. *Carré.*   ANNEDOUCHE.
ROUGET DE LISLE. *Claire-voie.*   VARIN.
SAINT-MARTIN, marquis de Miskou, en pied. *Carré.* DEVRITZ.
SAINT-SIMON (Claude-Henri, comte de). *Claire-voie.*   PERROT.
SIEYÈS (E.), d'après Bréa. *Ovale équarri.*   HUOT.
SILVAIN MARÉCHAL. poëte. *Claire-voie.*   DEVRITZ.
TALLEYRAND-PÉRIGORD, arch. de Paris. *Ovale.*
THÉROIGNE DE MÉRICOURT. *Carré.*   DEVRITZ.
THIÉBAULT (D.-D.). *Claire-voie.*   ADLART.
TURGOT, ministre. *Ovale équarri.*   TARDIEU.
VATOUT (Jean), académicien. *Claire-voie.*   VARIN.
WASHINGTON (Georges) et sa fille = (Martha) 2. *Claire-voie.* GEOFFROY.
WORONZOW (Michel, comte). *Ovale.*   LEGROS.

RENOU et MAULDE, Imprimeurs de la Compagnie des Commissaires-Priseurs,
rue de Rivoli, 144   38437